Jäger

Unfallverhütungsfibel für Auszubildende

ecomed SICHERHEIT

Diese Schrift will Sie beraten. Die Angaben sind nach bestem Wissen zusammengestellt, jedoch sind Fehler nicht vollständig auszuschließen. Aus diesem Grund sind alle Angaben mit keiner Verpflichtung oder Garantie des Verlages oder des Autors verbunden. Beide übernehmen infolgedessen keinerlei Verantwortung und Haftung für eine etwaige inhaltliche Unrichtigkeit der Broschüre.

Bibliografische Information Der Deutschen Bibliothek

Die Deutsche Bibliothek verzeichnet diese Publikation in der Deutschen Nationalbibliografie; detaillierte bibliografische Daten sind im Internet über http://dnb.ddb.de abrufbar.

Unfallverhütungsfibel für Auszubildende
Wolfgang Jäger
begründet von Walter Klost, 1982 - 1993 betreut von Heinz-Dietrich Bredow
35. Auflage 2008

Justus-von-Liebig-Str. 1, 86899 Landsberg/Lech
Tel.: (0 8191) 125-0, Telefax (0 8191) 125-594
Internet: http://www.ecomed-sicherheit.de
E-Mail: info@ecomed.de

Grafiken: Felix Weinold, Schwabmünchen
Druck: VeBu Druck + Medien GmbH, 88427 Bad Schussenried
Printed in Germany · 08/08
ISBN 978-3-609-66412-5

Sicherheit im Beruf

Im Beruf vorwärts zu kommen und möglichst viel Geld zu verdienen, ist ein ganz natürlicher Wunsch aller Menschen. Um dieses Ziel zu erreichen, benötigt man Wissen, Fleiß und Ausdauer. Glück und Zufälle spielen dabei nur selten eine Rolle. Viel wichtiger sind Gesundheit, berufliche Kenntnisse und Fähigkeiten. Berufliche Kenntnisse umfassen aber auch das Wissen um Sicherheit im beruflichen Alltag. Erfolge beruhen deshalb nicht nur auf rein fachlichem Können, denn

Grundlage für den
beruflichen Erfolg
ist das sichere Können

Sicherheit spielt überhaupt im Leben eine große Rolle. Niemand hat gerne mit Unsicherheiten oder gar mit „unsicheren Typen“ zu tun. Eine Tatsache, die für Beruf, Sport, Freizeit und zwischenmenschliche Beziehungen gleichermaßen gilt - kurzum für's gesamte tägliche Leben. Jeder weiß, daß sich Leistungen beispielsweise im Sport aber nur durch ständig zielgerichtetes Training erreichen lassen. Genauso verhält es sich im Beruf.

Sicherheitsbeispiele

Die Sicherheit in der Seefahrt wird durch zahlreiche technische Einrichtungen wie z.B. Leuchtsignale, Kreiselgeräte, Echolote, Funk- und Radargeräte gewährleistet. Diese Geräte werden ständig technisch verbessert, um den Grad der Sicherheit weiter zu steigern. Die alten Wikinger würden staunen, wenn sie sehen würden, wie man heute mit großen und kleinen Schiffen die Weltmeere durchkreuzt.

Der heutige Luftverkehr ist ohne die umfangreichen Sicherheitsvorkehrungen undenkbar. Auch bei der Eisenbahn - und dies gilt auch und im besonderen Maße nach der Katastrophe von Eschede - wird die auf Spitzenleistungen ausgerichtete Technik immer mehr in den Dienst der Sicherheit gestellt. Im Straßenverkehr sind zusätzliche Maßnahmen zur Verkehrslenkung erforderlich, da die Zahl der Fahrzeuge zunimmt und ihre Geschwindigkeit immer höher wird. Trotzdem muß der Verkehr sicher sein. Ampeln sind notwendig, um den Verkehr zu regeln und dem Fußgänger das gefahrlose Überqueren der Straße zu ermöglichen. Allerdings nutzt die klügste Ampelschaltung nichts, wenn der Fußgänger die Lichtsignale nicht beachtet und sich somit falsch verhält.

Vorkehrungen für die innere Sicherheit eines Autos wie beispielsweise gepolstertes Armaturenbrett, versenkte Lenkradnabe, Sicherheitsgurte, Airbags, stabile Fahrgastzelle sowie Scheibenbremsen, Antiblockiersysteme (ABS) und Knautschzonen sind heute Sicherheitsstandard, da der Autofahrer nicht nur schnell und bequem, sondern auch sicher sein Ziel erreichen will. Motorrad-, Roller- und Mopedfahrer tragen nicht nur wegen der Vorschriften, sondern zu ihrer eigenen Sicherheit geeignete Schutzkleidung. Sie wissen, daß der Sturzhelm vor Kopfverletzungen schützen kann, die Schutzbrille oder das Helmvisier den klaren Durchblick ermöglicht. Gute Handschuhe schützen vor Abschürfungen bei Stürzen und warme Kleidung vor Kälte, Nässe und Krankheiten. Die Liste der Sicherheitsbeispiele läßt sich beliebig verlängern, auch Ihnen sind beim Lesen bestimmt noch zahlreiche Beispiele eingefallen. Die Sicherheit spielt also eine entscheidende Rolle im Leben. Leider wird der Stellenwert der Sicherheit oft zu gering eingeschätzt - das muß sich ändern.

Die Fachkraft ist angesehen

Die Fachkraft findet Anerkennung und erhält materielle Vorteile, weil sie ihre Arbeit beherrscht und Sicherheitsratschläge und -vorschriften beachtet. Es ist viel wert, eine gute Fachkraft zu sein. Sicher zu arbeiten bedeutet, die Gesundheit zu erhalten und somit auch lange Geld verdienen zu können.

Ein Fachmann arbeitet fachlich richtig,
vermeidet auf diese Weise Unfälle und
bleibt lange gesund und aktiv.

Die Fachkraft vermeidet Pfuscharbeit und riskiert bei ihrer Tätigkeit keine Gefahren für die eigene Gesundheit. Ein Leben ohne Risiko gibt es zwar nicht, aber durch Spielerei, Leichtsinn, Bequemlichkeit oder Unkenntnis kann man seine Gesundheit und damit die Arbeitsfähigkeit aufs Spiel setzen und auch verlieren!
Die besten Chancen im Beruf und damit einen guten Ruf haben die Mitarbeiter, die fachlich immer richtig arbeiten und dadurch Qualitätsarbeit leisten - ohne Unfallverletzungen und ohne Unterbrechungen ihrer Arbeitsfähigkeit. Eine Fachkraft läßt daher die eigene Sicherheit niemals außer acht, sie hat ein ausgeprägtes *Sicherheitsbewußtsein.*

Grundregeln für die Sicherheit

Fachliche Kenntnisse, die man in der Ausbildung erwirbt, schaffen eine gute Grundlage für das berufliche Fortkommen. Mit dem beruflichen Fortkommen ist das Einkommen verbunden, mit dem man persönliche Wünsche erfüllen kann. Zu den Fachkenntnissen gehört aber auch das Wissen um die Arbeitssicherheit, denn nur sicheres Arbeiten erhält die Gesundheit, die auch für die Erfüllung der persönlichen Wünsche notwendig ist. Daher gilt:

	Fachkenntnisse
+	Fachliches Können
+	Sicherheitsbewußtes Verhalten
+	Sorgfältig ausgewählte, einwandfreie Werkzeuge und Maschinen
=	Sicherheit und Qualitätsarbeit

Die meisten Unfälle bei der Arbeit und im Straßenverkehr sind nicht auf Zufälle oder Schicksal zurückzuführen, sondern auf Mängel im menschlichen Verhalten.

Unfälle werden verursacht!
Falsches Verhalten ist meist die Ursache für das Unfallgeschehen. Somit sind sicheres Verhalten und der Einsatz von Sicherheitseinrichtungen nicht nur bei Dachdeckern, Gerüstbauern, Tauchern, Schornsteinfegern, Bergleuten oder Piloten erforderlich, sondern genauso bei Werkzeugmachern, Schlossern, Transportarbeitern, Elektromonteuren und Tischlern sowie bei der Arbeit am Glühofen, am Hochofen und im Walzwerk oder in Textil- oder Chemie-Betrieben und in anderen Branchen.
Auch Bereiche, die augenscheinlich ungefährlich sind, können für Auszubildende, insbesondere wenn sie neu im Betrieb sind, Gefahren bergen. Daher empfiehlt es sich, die Informationen über sicherheitsgerechtes Verhalten zu erfragen, zu beachten und sich an den Fachleuten zu orientieren.

Sicherheit bringt immer Vorteile.

Vorsicht bringt stets was Gutes ein,
durch Leichtsinn fällt man oft herein!

Im Sport ist die Befolgung der Spielregeln und Vorschriften und die Benutzung von entsprechender Kleidung, einwandfreien Geräten oder Ausrüstungen eine Selbstverständlichkeit. Genauso ist es bei der Arbeit. Nur ist die Bedeutung hier noch größer, weil die berufliche Tätigkeit die Basis für den Lebensunterhalt und die Erfüllung aller Wünsche nach einem stetig steigenden Lebensstandard darstellt.

Darum:

1. Fachlich richtig arbeiten!
2. Den Anweisungen der (des) Ausbilder(s) folgen und diese(n) gegebenenfalls über den Hintergrund für diese Anweisungen befragen!
3. Warnschilder beachten!
4. Arbeitsplatz sauber und ordentlich halten!
5. Nur mit sorgfältig ausgewählten, einwandfreien Werkzeugen und Maschinen arbeiten!
6. Niemals unbefugt Maschinen, Geräte, Einrichtungen oder Fahrzeuge in Betrieb setzen oder benutzen!
7. Im Zweifelsfall beim Vorgesetzten Auskunft holen!
8. Unregelmäßigkeiten oder Schäden an Maschinen oder Vorrichtungen sofort dem Meister melden!
9. Vorgeschriebene Schutzbrillen oder andere Schutzausrüstungen benutzen!
10. Beim Umgang mit brennbaren Stoffen, Säuren oder Giften gründliche Informationen über die Eigenschaften geben lassen und besonders vorsichtig sein!

11. Zweckmäßige Arbeitskleidung tragen!
12. Verletzungen immer von ausgebildeten Helfern behandeln lassen!

Ordnung am Arbeitsplatz

Unordentliche und nachlässige Menschen sind nicht beliebt. Im Betrieb und bei der Arbeit sind mangelhafte Ordnung und Nachlässigkeit störende Faktoren. Ordnung wirkt im positiven Sinne auf Qualität, Produktion und Sicherheit, deswegen muß auch am Arbeitsplatz Ordnung herrschen. Machen Sie es sich deshalb zur guten Gewohnheit, in Ihrem Arbeitsbereich stets auf größtmögliche Ordnung und Sauberkeit zu achten. Ölflecken müssen aufgewischt werden. Werkzeuge nicht am Boden liegen lassen. Herumliegende Teile sind sofort aus dem Weg zu räumen.

Arbeitskleidung

Befolgen Sie die Anweisungen Ihres Ausbilders und nehmen Sie seine Ratschläge ernst, auch in bezug auf die Arbeitssicherheit. Seine Ratschläge basieren auf eigenen Erfahrungen und dem Wissen anderer Fachleute. Sie haben ihre Erfahrung in die Entwicklung der geeigneten Arbeitskleidung einfließen lassen. Bei der Arbeit an Maschinen soll die Kleidung eng anliegen. Ärmel müssen eng am Handgelenk abschließen oder aufgekrempelt werden. Am besten sind kurze Ärmel. Lose Gürtel können gefährlich sein. Fingerringe und Armbanduhren sind abzulegen. Sorgen Sie auch für rechtzeitige Reinigung Ihrer Arbeitskleidung. Stark verschmutzte Arbeitskleidung kann Hautschäden hervorrufen.

Persönliche Schutzausrüstung

Der Betrieb hat zur Vermeidung von Unfällen und Gesundheitsschäden Persönliche Schutzausrüstungen bereitzustellen, die jeder in den bezeichneten Arbeitsbereichen bzw. Arbeitsplätzen zu benutzen hat. Persönliche Schutzausrüstungen sind Schutzhelme, Schutzbrillen, Atemschutzgeräte, Schutzkleidung, Schutzhandschuhe, Sicherheitsschuhe, um die wichtigsten aufzuzählen. Sie sind entsprechend den Angaben in der jeder Schutzausrüstung beigefügten Gebrauchsanweisung zu benutzen.

Natürlich ist es viel besser, bei Arbeiten, welche die Augen gefährden, eine leichte und gut aussehende Schutzbrille zu tragen, als Verletzungen der Augen in Kauf zu nehmen. Aber bei manchen Menschen „fällt der Groschen“ erst nach der schmerzhaften persönlichen Erfahrung.
Sie sollten nicht zu den Leuten gehören, die eine „lange Leitung“ haben. Benutzen Sie deshalb stets die vom Betrieb kostenlos bereitgestellten Schutzbrillen, Gesichtsschutzschirme, Handschuhe, Schutzkappen, Schutzhelme, Schutzschürzen, Gehörschützer oder andere vorgeschriebene Schutzausrüstungen. Sie tun sich damit selbst den größten Gefallen und handeln sicherheitsbewußt. Sie beweisen, daß Sie auf dem besten Wege sind, Fachkraft zu werden. Über einen Eishockey-Torwart ohne Schutzausrüstung würde jeder mit Recht den Kopf schütteln, und bei vielen anderen Sportarten sind Schutzausrüstungen ebenso absolute Selbstverständlichkeit. Genauso ist es auch im Beruf. Nur Nichtkönner, Laien oder Angeber glauben, darauf verzichten zu können, bis sie irgendwann schmerzhaftes Lehrgeld zahlen müssen.

Werkzeuge

Gute Arbeit kann man nur mit guten und geeigneten Werkzeugen liefern. Werkzeuge pflegen bedeutet eigene Sicherheit und Sicherung eines guten Arbeitsergebnisses. Schneidende Werkzeuge wie Bohrer, Fräser, Drehstähle usw. müssen immer richtig geschliffen sein.

Das Arbeiten mit stumpfem Werkzeug verdirbt die Freude an der Arbeit und hat nur Nachteile, z. B. zeitaufwendige Nacharbeit, die sich mit geeignetem und sicherem Werkzeug hätte vermeiden lassen.

Hämmer müssen fest auf dem Stiel sitzen. Ebenso müssen Feilen fest im Heft sitzen, sonst kann es besonders beim Feilen von Durchbrüchen zu gefährlichen Handverletzungen kommen.

Meißelkuppen bekommen nach häufigem Draufschlagen pilzförmige Veränderungen, die auch „Bärte" genannt werden. Das Material reißt dabei ein, und wenn bei einem kräftigen Schlag ein Stück der Kuppe abfliegt, so hat es infolge des gehärteten Zustands meist sehr hohe Geschwindigkeit und Durchdringungsenergie. Die Kuppen müssen daher zur Vermeidung dieser Gefahr von Zeit zu Zeit abgeschliffen werden.

Schraubendreher gibt es in verschiedenen Größen. Nehmen Sie – wie eine Fachkraft – nur immer den zur Schraube passenden. Benutzen Sie den Schraubendreher auch niemals als Meißel. So was tun nur Laien oder Pfuscher. Halten Sie es bei den Zangen ebenso. Nehmen Sie die jeweils für den bestimmten Zweck geeignete Zange. Lassen Sie sich auch niemals dazu verleiten, ungeeignete Maulschlüssel zu benutzen. Das geht meistens schief! Verquetschte Muttern oder Schraubenköpfe sind keine guten

Visitenkarten für einen Fachmann. Man sagt zwar im Spaß „Wer abrutscht, kann nochmal!“ - aber nicht immer. Oft sind die Finger dann verletzt, und das ist in einem solchen Fall ein sehr schmerzhafter und deutlicher Beweis für mangelndes Sicherheitsbewußtsein und falsche Arbeitsweise.

Am ordentlichen Arbeitsplatz, an der geeigneten Arbeitskleidung und an gepflegten Werkzeugen kann Sie jeder bereits als werdende Fachkraft erkennen.

Maschinen

Maschinen sind immer interessant. Sie sind wertvolle Hilfsmittel, denn mit ihnen schafft der Mensch mehr als mit Handarbeit. Aber man muß lernen, mit Maschinen umzugehen. Benutzen Sie nur Maschinen, an denen Sie die Arbeitsweise erlernt haben und wenn Sie die Erlaubnis dazu haben. Fragen Sie lieber vorher, ehe Sie Schaden anrichten. Arbeiten Sie nur mit den vorgeschriebenen Schutzvorrichtungen.

Gute Pflege macht sich bezahlt. Aber Finger weg, wenn die Maschine läuft. Messen, Ölen oder Putzen nur bei Stillstand der Maschine.

Büro und Bildschirm

Auch im Büro ereignen sich Unfälle. Wenn Schreibtischschubladen offen bleiben, bilden sie Stolperfallen. Verlängerungskabel müssen so auf dem Boden verlegt sein, daß sie keine Stolperstellen bilden. Verlängerungskabel werden am Stecker aus der Steckdose gezogen und nicht durch einen Ruck am Kabel.

Tritte bzw. Elefantenfüße sind dazu da, daß sich Akten leichter aus Hochschränken entnehmen lassen. Wer Aktenstapel transportieren muß, der muß über den Stapel hinaussehen können. Am Bildschirm sitzt die Bürofachkraft mit dem gesamten Rücken an der Rückenlehne und nicht wie ein verrutschtes Fragezeichen. Die Rückenlehne heißt so, weil daran der Rücken angelehnt wird und nicht nur die Schulterblätter.
Spiegelungen im Bildschirm lassen sich durch Drehen, Kippen oder Heben/Senken des Bildschirms vermeiden. Die Oberkante des Bildschirms befindet sich in Augenhöhe und die Handballen befinden sich an der Vorderkante des Schreibtisches. Der Bildschirm befindet sich in etwa 50 bis 70 cm Abstand von den Augen. Wer „in den Bildschirm kriecht“, bekommt keine besseren Informationen, sondern nur „schlechte Augen“. Die Benutzung einer Fußstütze kann Ermüdungen der Beine vermeiden helfen.

Elektrizität

Elektrizität ist Energie. Da man die Elektrizität jedoch weder sehen noch hören, schmecken, riechen oder fühlen kann, wird sie von Unerfahrenen oft unterschätzt. 230 Volt reichen aus, um einen tödlichen Elektroschock hervorzurufen. Nur Spannungen unter 65 Volt sind relativ ungefährlich, da sie selbst bei gutem Kontakt nur geringe Stromdurchgänge durch den Körper verursachen. Ströme von mehr als 0,08 Ampere können bereits das tödliche Herzkammerflimmern hervorrufen, wenn das Herz in der Strombahn liegt. Der menschliche Körper hat einen ziemlich geringen Widerstand, und bei Spannungen von mehr als 65 Volt können bei gutem Kon-

takt (z.B. nasse Hände, gut leitender Fußboden) die oben angegebenen gefährlichen Stromstärken auftreten.
Eine Steckdose im Haushalt liefert bei 230 Volt und max. 16 Ampere eine Leistung von 230 x 16 = 3680 Watt. Das entspricht weit mehr als 4 PS. Und vier Pferdestärken mit einem Schlag auf einen Menschen losgelassen, ist eben viel zu viel und hat schon oft ein trauriges Ende für den Verunglückten bedeutet.

Arbeiten Sie nur mit einwandfreien elektrischen Geräten oder Einrichtungen. Wenn eine elektrische Einrichtung beim Berühren elektrisiert, so schalten Sie sofort ab und melden Sie Ihrem Vorgesetzten diese Beobachtung. Überlassen Sie alle Reparaturen an elektrischen Maschinen, Werkzeugen und Anlagen dem Fachmann. Lassen Sie sich niemals dazu verleiten, die Energieform „Elektrizität" zu unterschätzen.

Heben und Tragen

Überall müssen ab und zu Gegenstände gehoben und getragen werden. Wer's richtig macht, hat's dabei viel leichter als die andern. Es kommt nicht nur auf die Muskeln an, sondern auch aufs „Köpfchen". Jeder, der sich einmal beim Heben oder Tragen eine Verletzung zugezogen hat, weiß meist hinterher, wie er das hätte vermeiden können.

Folgende Regeln sind wichtig:

1. Vorher kurz überlegen, wie es am besten geht.

2. Bei unhandlichen oder zu schweren Lasten nicht allein arbeiten.

3. Hervorstehende Nägel, Schrauben, Stahlbänder oder andere gefährliche Verletzungsmöglichkeiten beseitigen oder abdecken. Bei scharfen Kanten Schutzhandschuhe benutzen.

4. Sicheren Stand für die Füße. Sicheren Griff für die Hände.

5. Beim Anheben niemals die Rückenmuskeln allein beanspruchen. Die Beinmuskeln sind viel kräftiger. Also mit geradem Rücken in die Kniebeuge gehen, die Last so dicht wie möglich an den Körper nehmen und zum Anheben die Beinmuskeln strecken. Beim Absetzen ist entsprechend umgekehrt zu verfahren.

6. Beim Tragen darf die Sicht nicht behindert werden. Vorsicht an Ecken und Durchgängen.

7. Tragen mehrere Mitarbeiter eine Last, so hat nur einer das Kommando, damit gleichmäßiges Anheben und Absetzen gewährleistet ist.

8. Gegen Fußverletzungen durch fallende Gegenstände schützen Sicherheitsschuhe mit Mittelfußschutz sowie mit Stahlkappen über den Zehen.

Transportmittel und Hebezeuge

Für die Bewältigung der Transportaufgaben im Betrieb gibt es heutzutage eine ganze Reihe verschiedener technischer Einrichtungen wie beispielsweise Handkarren, Elektrokarren, Gabelstapler, Hebezeuge und Krananlagen. Spielereien mit Handkarren sind kein gutes Zeugnis für Sicherheitsbewußtsein. Die Benutzung von Fahrzeugen oder Hebezeugen mit Motorantrieb ist nur nach sorgfältiger Ausbildung und nur mit Erlaubnis des Vorgesetzten gestattet. Denken Sie stets daran und richten Sie sich danach.

Leitern und Tritte

Zur Ausführung von Arbeiten oberhalb des normalen Handbereichs gibt es Leitern und Tritte in verschiedenen Ausführungen und für unterschiedliche Zwecke. Es ist sinnvoll, Leitern zu benutzen, und es ist Unsinn, anstelle von Leitern Kisten, Fässer, Schemel oder gar „Turmbauten" aus verschiedenen Kisten zu verwenden. Akrobatik ist eine sehenswerte und nervenkitzelnde Kunst, aber sie gehört nicht in den Betrieb. Wer gar das Besteigen provisorischer Stapel mit sportlicher Kletterei verwechselt, beweist nur seine Unkenntnis und einen bemitleidenswerten Mangel an gesundem Menschenverstand.

Schadhafte Leitern dürfen nicht benutzt werden, da sie leicht zu Unfällen führen. Stürze von Leitern haben oft schwere Verletzungen zur Folge. Leitern müssen einen guten und sicheren Stand haben. Anlegeleitern sollen so schräg stehen, daß beim Anlegen an eine Wand der Leiterfuß etwa ein 1/4 der Leiterlänge von der Wand entfernt ist.

Es kommt oft vor, daß bei Arbeiten auf Stufen-Stehleitern Werkzeuge oder Werkzeugbehälter auf die oberste Stufe gelegt werden. Hier heißt es bei Beendigung der Arbeit aufpassen, daß nichts oben liegen bleibt. Sonst kommt beim Zusammenklappen der „Segen“ von oben und trifft gar am Ende edle Körperteile. Sie wissen ja: „Wer den Schaden hat, braucht für den Spott nicht zu sorgen!“. Und es ist bestimmt kein Vergnügen, wegen fehlenden Sicherheitsbewußtseins Verletzungen zu erleiden.

Brennbare Flüssigkeiten

In sehr vielen Betrieben werden Lösemittel, Verdünner oder Reinigungs- oder Entfettungsmittel benutzt. Viele dieser Flüssigkeiten wie Petroleum, Benzin, Spiritus, Terpentinersatz usw. bilden bei Raumtemperatur Dämpfe, die im Gemisch mit Luft brennen oder gar explodieren können. Der Benzinmotor wird daher Explosionsmotor oder Verbrennungskraftmaschine genannt. Beachten Sie beim Umgang mit brennbaren Flüssigkeiten sorgfältig die Schutzvorschriften! „Rauchen, offenes Licht und Feuer verboten! Funkenbildung vermeiden!“ Wird die Kleidung stark mit brennbaren Flüssigkeiten benetzt oder gar getränkt, so besteht im Fall einer Entzündung Lebensgefahr. Sofort umziehen! Und denken Sie daran: Ein volles Benzinfaß kann brennen! Ein leeres Benzinfaß, in welchem kaum sichtbare Reste sind, kann durch Zündung explodieren!

Werkstoffe und Gefahrstoffe

Neben Stahl, Eisen und zahlreichen anderen Metallen gibt es beinahe zahllose andere Stoffe im Betrieb, die alle ihre ganz speziellen Eigenschaften haben. Einige dieser Eigenschaften machen besondere Sicherheitsmaßnahmen notwendig. Wird beispielsweise bei der Arbeit versehentlich Blei, Kadmium, Beryllium oder Quecksilber in den menschlichen Körper über Mund und Magen oder über die Atmungswege aufgenommen, so können schon sehr geringe Mengen zu Erkrankungen führen.

Ähnlich ist es bei manchen Lösemitteln wie z.B. Benzol, Tri, Tetra, Per, Methylalkohol oder Schwefelkohlenstoff. Radioaktive Stoffe senden Strahlen aus, gegen die man sich schützen kann und muß. Neben geeigneter Schutzkleidung gibt es weitere Schutzmaßnahmen gegen diese nicht sichtbare lebensgefährliche Strahlung.

Zellhorn oder die Metalle Magnesium und Zirkon brennen ganz außerordentlich heftig, und sie lassen sich nicht einmal mit Wasser löschen. Für sie sind spezielle Löschmittel notwendig. Es gibt auch Imprägniermittel, Klebeharze und bestimmte Lacke, deren Verwendung nur unter bestimmten Schutzmaßnahmen erfolgen darf. Auf dem Gebinde sind dazu Angaben vorhanden. Sie müssen beachtet werden. Wenn Sie also während Ihrer Ausbildung und auch später von solchen Eigenschaften erfahren, so merken Sie sich zu Ihrem Schutz alle Einzelheiten und richten Sie sich genau nach den in solchen Fällen immer vom Betrieb gegebenen Anweisungen und Schutzvorschriften. Alle Stoffe, von denen Gefahren ausgehen können, werden Gefahrstoffe genannt. Die Behälter müssen entsprechend gekennzeichnet sein, Verhaltensregeln sind vom Hersteller auf dem Gebinde anzugeben.

Brandverhütung

Fahrlässige Brandstiftung wird nach dem Strafgesetzbuch bestraft. Hüten Sie sich davor, an einem Brand schuld zu sein! Befolgen Sie stets die Warnungen und das Rauchverbot in manchen Abteilungen des Betriebes. Halten Sie sich genau an die Brandverhütungsvorschriften! Besondere Vorsicht ist geboten beim Umgang mit leicht entzündbaren Stoffen und Flüssigkeiten. Wenn Sie eine Lötlampe oder einen Schweißbrenner benutzen wollen, dann beseitigen Sie vorher leicht brennbare Gegenstände aus der Nähe der Arbeitsstelle.

Schweißfunken können bis zu 12 m weit fliegen. Durch Montageschweißarbeiten und Arbeiten mit Lötlampen und durch ähnliche Feuerarbeiten wurden schon immer große Brände hervorgerufen. Gewöhnen Sie sich daher das entsprechende sicherheitsbewußte Verhalten an und gestatten Sie keine Kompromisse. Kontrollieren Sie nach Beendigung der Feuerarbeiten mehrmals die Arbeitsstelle und ihre Umgebung auf etwa noch vorhandene Glimm- und Schwelstellen. Diese nachträgliche Kontrolle ist äußerst wichtig, da die Schweißfunken meterweit wegspringen und Entzündungen hervorrufen können, die nicht sofort erkannt werden. Durch solche Entzündungen können oft Stunden später Brände entstehen. Prägen Sie sich ein, wo und wie im Betrieb Feueralarm gegeben werden kann und wo sich Handfeuerlöscher befinden.

Unfallauslöser

Unfälle geschehen niemals rein zufällig. Sie haben immer ganz bestimmte Auslöser. Diese Auslöser bestehen meist in einer falschen Verhaltensweise der später Verletzten und viel seltener in technischen Fehlern oder Material-Mängeln. Sollten Sie einmal Zeuge eines Unfalles sein, oder sollten Sie sich gar selbst durch ein Unfallereignis verletzen, so versuchen Sie, den Hergang zu ergründen. Das hat nichts mit Kriminalistik zu tun, aber um hinter Unfallursachen zu kommen, braucht man Scharfsinn und Methodik. Bei tödlichen Unfällen muß die Kriminalpolizei den Hergang ermitteln. Wird dabei ein Schuldiger ermittelt, kann dieser straf- und zivilrechtlich zur Verantwortung gezogen werden.

Spaß bei der Arbeit

„Wer arbeiten will, muß fröhlich sein!" Das stimmt, denn ein Spaß bei der Arbeit kann nicht schaden. Es muß nicht immer todernst zugehen. Die Arbeit selbst soll ja möglichst Spaß machen; denn bei der Wahl des Berufes richtet man sich doch allgemein nach seinen Neigungen und Interessen. Beim Spaß ist es jedoch wichtig, daß er nicht mit Albernheit oder Grobheit verwechselt wird. Das blitzschnelle Wegziehen des Stuhls, wenn sich jemand setzen will, oder Rempeleien, die den andern zum Stolpern bringen, sind ebenso gefährlich wie grober Unsinn mit Preßluft oder Knallereien mit Azetylen-Sauerstoffgemischen. Man gewinnt dadurch keine Freunde, sondern eine derartig grobe Mißachtung des gesunden Menschenverstandes führt zum Verlust des Ansehens und zu sehr schlechter Beurteilung.
Werden durch solchen Unfug Verletzungen verursacht, so muß der Schuldige damit rechnen, daß er Schadenersatz leisten muß.

Verkehrs-Sicherheit

Ungefähr 30 Menschen büßen im Durchschnitt an jedem Tag in Deutschland ihr Leben durch Verkehrsunfälle ein. Weit über tausend erleiden mehr oder weniger schwere Verletzungen an jedem Tag. Auch diese Unfälle sind keine Zufälle, sondern sie haben ebenso wie die Arbeitsunfälle ihre Ursachen. Selten liegen Materialfehler vor. Fahrzeuge in ungepflegtem und schlechtem Zustand begünstigen Unfallereignisse.
Meist kommt es aber durch falsches Verhalten der Verkehrsteilnehmer zum Unfall. Wenn Sie ein Fahrzeug benutzen, so halten Sie es stets in einem guten und verkehrssicheren Zustand. Besonders bei Fahrrädern, Mopeds und Rollern sind vorschriftsmäßige Beleuchtung, Rückstrahler und Rücklicht lebenswichtig. Ebenso lebenswichtig sind bei allen Fahrzeugen gut funktionierende Bremsen.

Haben Sie ein Moped, einen Roller oder ein Motorrad, so fahren Sie immer mit Brille, Handschuhen und Helm. Der Helm bewahrt Sie im Falle eines Sturzes vor lebensgefährlichen Schädelverletzungen. Früher, als es noch keine Schutzhelme gab, war bei fast allen tödlichen Motorradunfällen ein Schädelbruch die Todesursache.

Der Autofahrer hat immer eine schützende Blechhaut um sich herum. Der Kraftrad- oder Rollerfahrer ist jedoch bei einem Aufprall ohne diesen Schutz, und im Falle eines Sturzes fällt er meist auf Gegenstände, die viel härter sind als die Knochen.

Kraftfahrer fahren immer so, daß sie ohne Schaden an das Ziel kommen. Sie gehen kein unsinniges Risiko ein. Sie setzen ihre Gesundheit und ihr Fahrzeug nicht auf das Spiel, um vielleicht wenige Minuten schneller am Ziel zu sein oder um nur anzugeben. Das tun nur Leute mit Minderwertigkeitskomplexen oder mangelnder Erfahrung. Befolgen Sie die Verkehrsregeln und verhalten Sie sich besonders als Verkehrsteilnehmer rücksichtsvoll und höflich.

Nur der Unerfahrene verwechselt Vorsicht mit Feigheit und Leichtsinn mit Mut.

Erste Hilfe

Jeder Mitarbeiter im Betrieb ist gegen Unfälle bei der Arbeit oder auf den Wegen von und zur Arbeitsstätte versichert. Die Kosten für diese Unfallversicherung trägt allein das Unternehmen. Die Unfallversicherung ist also im Gegensatz zur Krankenversicherung für den Mitarbeiter kostenfrei. Bei Unfällen wird für die Erste Hilfe gesorgt. Entweder sind Verbandpäckchen oder Verbandkästen vorhanden oder in größeren Betrieben Verbandräume und Betriebsärzte.

Nehmen Sie diese Einrichtungen bei Verletzungen in Anspruch. In größeren Betrieben werden Mitarbeiter für die Erste-Hilfe-Leistung besonders ausgebildet. Wenn Sie Gelegenheit haben – beispielsweise beim Deutschen Roten Kreuz – einen Kursus in Erster Hilfe mitzumachen, so nehmen Sie diese Gelegenheit wahr.

Es ist viel wert, helfen zu können, und es ist besonders wertvoll, richtig helfen zu können.

Arbeiten Sie sicherheitsbewußt!
Fachlich richtig arbeiten bedeutet
Unfälle vermeiden!
Es lohnt sich, eine gute Fachkraft zu sein!
Durch Sicherheit können Sie nur gewinnen!

Anhang

I. Auszug aus dem Berufsbildungsgesetz

Unterabschnitt 3 § 14 Abs. 1 Punkt 5 Pflichten der Ausbildenden

„Ausbildende haben dafür zu sorgen, dass Auszubildende charakterlich gefördert sowie sittlich und körperlich nicht gefährdet werden.“

Dazu gehören Schutzmaßnahmen gegen Unfallverletzungen und Berufskrankheiten.

Unterabschnitt 2 § 13 Punkt 3 und 4 Pflichten der Auszubildenden

„Auszubildende sind insbesondere verpflichtet, den Weisungen zu folgen, die ihnen im Rahmen der Berufsausbildung von Ausbildenden, von Ausbildern oder Ausbilderinnen oder von anderen weisungsberechtigten Personen erteilt werden.

Auszubildende sind insbesondere verpflichtet, die für die Ausbildungsstätte geltende Ordnung zu beachten.“

Dazu gehören die Beachtung der Anweisungen für unfallsicheres Verhalten und die Befolgung der Unfallverhütungsvorschriften.

II. 10 goldene Sicherheitsregeln

1. Nutzen Sie die Vorteile aller Sicherheitshinweise und Informationen im Betrieb.
2. Respektieren Sie die zu Ihrer Sicherheit angebrachten Warnzeichen.
3. Vorsicht ist keine Feigheit, und Leichtsinn ist kein Mut.
4. Verwenden Sie die zu Ihrem Vorteil bereitgestellten Schutzausrüstungen wie Brillen, Handschuhe, Kopfschutz usw.
5. Ein Leben ohne Risiko gibt es nicht, aber es ist unklug, etwas zu riskieren ohne lohnendes Ziel.
6. Nur durch gründliche Information und ausreichendes Training lassen sich Maschinen, Werkzeuge und Arbeitsverfahren sicher beherrschen.

7. Melden Sie Störungen an Maschinen, technischen Einrichtungen oder elektrischen Geräten und Anlagen immer Ihrem Vorgesetzten.
8. Brandverhütungsmaßnahmen werden im Interesse des Betriebes und der Mitarbeiter vorgesehen. Helfen Sie mit, Brände zu verhüten.
9. Das Unfallrisiko im Straßenverkehr ist höher als im Betrieb. Könner kommen jedoch ohne Unfälle davon.
10. Nehmen Sie bei Verletzungen immer die Erste-Hilfe-Einrichtung im Betrieb in Anspruch. Sachgerechte Hilfe dient der Heilung.

III. Verhalten nach einem Verkehrsunfall

1. Unbedingt an der Unfallstelle bleiben, bis die Polizei kommt; sonst unerlaubtes Entfernen vom Unfallort!

StGB § 142

Unerlaubtes Entfernen vom Unfallort

(1) Ein Unfallbeteiligter, der sich nach einem Unfall im Straßenverkehr vom Unfallort entfernt, bevor er
1. zugunsten der anderen Unfallbeteiligten und der Geschädigten die Feststellung seiner Person, seines Fahrzeugs und der Art seiner Beteiligung durch seine Anwesenheit und durch die Angabe, daß er an dem Unfall beteiligt ist, ermöglicht hat oder
2. eine nach den Umständen angemessene Zeit gewartet hat, ohne daß jemand bereit war, die Feststellungen zu treffen,
wird mit Freiheitsstrafe bis zu drei Jahren oder mit Geldstrafe bestraft.

(2) Nach Absatz 1 wird auch ein Unfallbeteiligter bestraft, der sich
1. nach Ablauf der Wartefrist (Absatz 1 Nr. 2) oder
2. berechtigt oder entschuldigt
vom Unfallort entfernt hat und die Feststellungen nicht unverzüglich nachträglich ermöglicht.

(3) Der Verpflichtung, die Feststellungen nachträglich zu ermöglichen, genügt der Unfallbeteiligte, wenn er den Berechtigten (Absatz 1 Nr. 1) oder einer nahe gelegenen Polizeidienststelle mitteilt, daß er an dem Unfall beteiligt gewesen ist, und wenn er seine Anschrift, seinen Aufenthalt sowie das Kennzeichen und den Standort seines Fahrzeugs angibt und dieses zu unverzüglichen Feststellungen für eine ihm zumutbare Zeit zur Verfügung hält. Dies gilt nicht, wenn er durch sein Verhalten die Feststellungen absichtlich vereitelt.

(5) Unfallbeteiligter ist jeder, dessen Verhalten nach den Umständen zur Verursachung des Unfalls beigetragen haben kann.

1. Jeder an einem Verkehrsunfall Beteiligte - gleichgültig ob Fußgänger, Radfahrer, Kraftfahrer, Fuhrwerkslenker usw. - muß unbedingt an der Unfallstelle bleiben, bis die Polizei eintrifft. Hierbei ist es unwichtig, ob der Beteiligte schuldig oder unschuldig scheint.
2. Stellung der Unfallfahrzeuge unverändert lassen und Unfallstelle sichern (Verkehr vorbeiwinken, Warnzeichen aufstellen)!
3. Sofortige Hilfeleistung! Verletzte versorgen! Arzt und Krankenwagen verständigen (lassen), wenn erforderlich! Auch Unbeteiligte sind hierzu verpflichtet.

   Unterlassene Hilfeleistung
   Wer bei Unglücksfällen oder gemeiner Gefahr oder Not nicht Hilfe leistet, obwohl dies erforderlich und ihm den Umständen nach zuzumuten, insbesondere ohne erhebliche eigene Gefahr und ohne Verletzung anderer wichtiger Pflichten möglich ist, wird mit Freiheitsstrafe bis zu einem Jahr oder mit Geldstrafe bestraft. StGB § 323c
4. Polizei verständigen (lassen)!
5. Zeugen feststellen und Anschriften aufnehmen! Kennzeichen der beteiligten Fahrzeuge notieren!
6. Unfallaufnahme! Skizze anfertigen mit genauen Angaben Straßenbreite, Unfallstelle, Ort, Uhrzeit, Wetter, Straßenzustand (naß, glatt, trocken, Schnee usw.)!
7. Sich nicht zur Schuldfrage äußern!
8. Eigene Haftpflichtversicherung verständigen!
9. Schadensfall dem Ersatzpflichtigen anzeigen!

IV. Erste Hilfe

Trotz aller Maßnahmen zur Arbeitssicherheit ereignen sich Unfälle. Daher ist es wichtig, daß der Verletzte schnell wirksame Hilfe erhält, die seine Schmerzen lindert und die Verletzungsfolgen nicht verschlimmert. Sofortige Hilfe ist besonders wichtig in den Fällen, in denen nicht sofort ein Arzt die Behandlung aufnehmen kann. Daher müssen im Betrieb vorhanden sein:

- Eine ausreichende Zahl von ausgebildeten Ersthelfern,
- Verbandmaterial, je nach Betriebsart auch Rettungstransportmittel und Rettungsgeräte (z.B. Augendusche, Krankentrage),

- Anleitung zur Ersten Hilfe in Schriftform, auf der auch die Telefonnummer der Rettungsleitstelle, der Feuerwehr, der Polizei, des Durchgangsarztes aufgelistet sind.

Maßnahmen zur Ersten Hilfe ersetzen niemals die notwendige ärztliche Hilfe. Bei kleineren Wunden wird sicher ein Pflaster ausreichen, doch bei großflächigen Verletzungen ist nach dem Anlegen eines Verbandes fast immer der Gang zum Durchgangsarzt angezeigt. Der Durchgangsarzt ist ein von den Berufsgenossenschaften anerkannter Arzt, der aufgrund seiner Fachkunde in besonderem Maße geeignet ist, die erste ärztliche Versorgung von Körperverletzungen, die aufgrund von Unfällen eingetreten sind, vorzunehmen. Bei Gefahr für Leib und Leben wird man immer sofort den Bereitschafts- bzw. Notarzt zur Unfallstelle rufen.

Erste Hilfe

Was bewirken die Maßnahmen zur Ersten Hilfe?

- Sie stabilisieren die lebenswichtigen Funktionen von Atmung und Kreislauf.
- Sie verhindern weitergehende Verletzungsfolgen.
- Sie helfen Schmerzen zu lindern. Deshalb müssen neben fachkundig ausgebildeten Ersthelfern auch die Ausrüstung und die Organisation im Betrieb stimmen.

Ersthelfer

Die Ersthelfer sollten im Kreise der Beschäftigten zu finden sein. Es können aber auch andere Personen sein, die schnell am Unfallort für diese Aufgabe zur Verfügung stehen. Darüber und über die Organisation der Ersten Hilfe hat der Unternehmer zu entscheiden, der ja für die Maßnahmen zur Arbeitssicherheit die Verantwortung trägt. So hat er die zur Ersten Hilfe notwendigen Einrichtungen, insbesondere Meldeeinrichtungen, Sanitätsräume, Erste-Hilfe-Material und Rettungstransportmittel (z.B. Tragen), und die zur Rettung aus Gefahr für Leben und Gesundheit erforderlichen Einrichtungen, insbesondere Rettungsgeräte, zur Verfügung zu stellen und für deren Einsatzbereitschaft Sorge zu tragen.

Ersthelfer müssen einen entsprechenden Lehrgang absolviert haben, dessen Kosten die Berufsgenossenschaft trägt, während die Lohnkosten zu Lasten des Unternehmers gehen. Der Kurs im Rahmen des Führerscheinerwerbes reicht nicht zum Ersatz für den Ersthelferkurs aus. Wer sich zum Ersthelfer hat ausbilden lassen, wird von den Kenntnissen auch im Privatbereich profitieren können und sollte in regelmäßigen Abständen (3-4 Jahre) seine Kenntnisse auffrischen.

Daher gilt:

- Ersthelfer müssen in ausreichender Zahl vom Unternehmer bestellt sein.
- Es muß sichergestellt sein, daß jederzeit Ersthelfer erreichbar sind. Sie sollten an einem regelmäßigen Arbeitsplatz beschäftigt sein.
- Jedem Mitarbeiter muß der Name des seinem Arbeitsplatz am nächsten arbeitenden Ersthelfers bekanntgemacht werden.

Verbandmaterial

Es ist wichtig, daß Verbandkästen mit unversehrt verpacktem Inhalt im Betrieb vorhanden sind.

So gilt:

- Das notwendige Verbandmaterial und alle sonstigen Hilfsmittel, die der Durchführung der „Ersten Hilfe“ dienen, müssen in ausreichender Menge vorhanden sein.
- Auch das Verbandmaterial muß ordnungsgemäß aufbewahrt werden (z.B. in Verbandkästen).
- Der Aufbewahrungsort der Mittel zur „Ersten Hilfe“ muß ordnungsgemäß gekennzeichnet sein (Rettungszeichen mit weißem Kreuz auf grünem Grund).
- Der Verbandkasten muß der in der Unfallverhütungsvorschrift genannten DIN-Norm entsprechen.
- Das Verbandmaterial ist regelmäßig zu kontrollieren bzw. zu erneuern und zu ergänzen.
- Beim Verbandmaterial muß eine Anleitung zur „Ersten Hilfe“ vorhanden sein.
- Die Ausgabe des Verbandmaterials sollte durch den Ersthelfer erfolgen.

Verbandbuch

Ein Verbandbuch muß über alle - auch leichte Verletzungen - geführt werden. Leichte Verletzungen sind solche, die eine Arbeitsunfähigkeit von weniger als drei Tagen zur Folge haben und im Betrieb verbunden wurden, bzw. solche, die nach dem Verbinden (Wundversorgung) eine weitere Arbeit zulassen. Das Verbandbuch kann unter Umständen ein wichtiges Beweisstück sein, wenn es einmal darum geht, daß sich ein Unfall ereignet hat.

Wissen rettet
Nicht nur bei den Unterweisungen, auch zwischen diesen Routineterminen ist es sinnvoll, sich immer an die fünf „W" zu erinnern, die bei der Alarmierung rasch Hilfe bringen:

- **Wo** ist der Unfallort?
- **Was** ist passiert?
- **Wieviele** Verletzte?
- **Welche** Verletzungen?
- **Warten** auf Rückfragen!

Ferner ist es sinnvoll, sich mit der Funktion von Rettungsgeräten und Rettungstransportmitteln vertraut zu machen. Im Falle des Unfalles dann erst die Gebrauchsanweisung zu lesen, ist nicht der geeignete Weg, sinnvoll und schnell „Erste Hilfe" zu leisten.

Allgemeine Verhaltensregeln
Bei einem Unfall zu helfen, also „Erste Hilfe" zu leisten, ist eigentlich eine Selbstverständlichkeit. Daneben besteht aber eine rechtliche Verpflichtung zur Hilfeleistung. Unterlassene Hilfe ist eine strafbare Handlung.
Wie aber verhält man sich bei einem Unfall? Das hängt natürlich entscheidend von den jeweiligen Umständen ab, im Grundsatz sollte man nach folgender Weise handeln:

1. Verletzte aus der Gefahrenzone bringen, ohne sich selbst zu gefährden. Hierbei ist unnötiges Transportieren zu vermeiden. Verletzte sollen nicht unbeaufsichtigt bleiben.
2. Unfallstelle absichern (z. B. Maschine abstellen, Strom abschalten, andere auf die Gefahr hinweisen).
3. Erste Hilfe leisten. Wenn ein ausgebildeter Ersthelfer erreichbar ist, dann sollte dieser eingesetzt werden. Ist das nicht der Fall, dann ist jede andere Person zur Hilfe verpflichtet. Die Hilfsmaßnahmen müssen sich jedoch auf das in der „Anleitung zur Ersten Hilfe" Dargestellte beschränken. Durch unsachgemäße Hilfe können die Unfallfolgen verschlimmert werden.
4. Ärztliche Behandlung veranlassen, es sei denn, es handelt sich wirklich nur um eine harmlose Verletzung. Ansonsten muß ein Verletzter auf alle Fälle zu einem Durchgangsarzt (Unfallarzt) gebracht werden. Dies erfolgt am besten durch einen Rettungswagen. Bei Bewußtlosigkeit oder sehr schweren Verletzungen muß mit dem Rettungsdienst ein Unfallarzt angefordert werden.

5. Unfall melden: Nachdem der Verletzte versorgt ist, muß der zuständigen Stelle (z. B. Vorgesetzter oder Betriebsinhaber) der Unfall gemeldet werden.

Es ist sinnvoll, sich zum Ersthelfer ausbilden zu lassen.

Merke:
- „Erste Hilfe“ leisten muß jeder. Am besten dazu geeignet ist der Ersthelfer.
- Der Name des Ersthelfers muß bekannt sein.
- Die „Erste Hilfe“ ist kein Ersatz für eine ärztliche Behandlung.
- Es ist ein Verbandbuch zu führen.
- Die fünf **„W“** erleichtern die richtige Alarmierung und die sachgerechte Hilfe.